LEA AUBERT

HOROSKOP DER LIEBE

STERNZEICHEN

FISCHE

Ausgabe 2014
Umschlaggestaltung: Allen Lee
Titelabbildungen: aus Bildern von dreamstime.com
Herstellung und Verlag: Books on Demand GmbH, Norderstedt
Printed in Germany

ISBN 9783839132111

Inhalt

Das Sternbild der Fische

Pisces

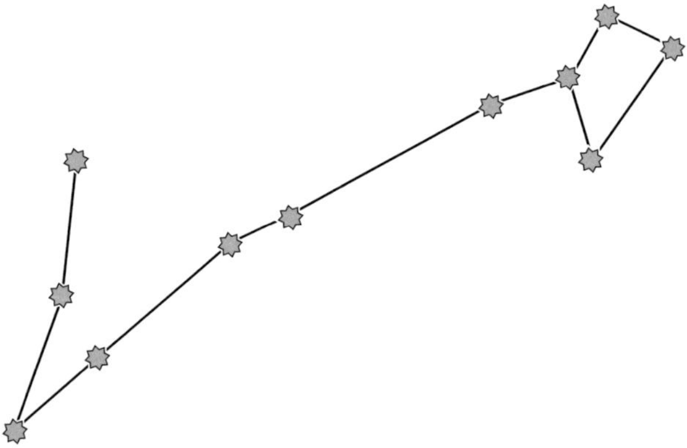

Die Sage der Fische

Das Sternbild der Fische liegt zwischen den Sternbildern des Pegasus, Dreieck, Widder und Wassermann.

Beim Sternbild des Fisches ist nicht klar, was genau es darstellt. Hesoid, der um 700 vor Christus lebte, erzählt, dass die Göttin der Liebe, Aphrodite, mit ihrem Sohn Eros am Ufer des Euphrat spielte. Die Götter hatten gerade über die Titanen gesiegt. Da erschrak sie, als sich ein riesiges Ungeheuer näherte. Es war Typhon. Eine grauenvolle Gestalt, die so groß war, dass die mit den Händen die Sterne erreichen konnte. Auf dem Rumpf saßen hundert entsetzliche Drachenköpfe. Jeder dieser Köpfe brüllte mit einer anderen Stimme und geiferte Gift. Von den Lenden abwärts wanden sich tausende Vipern. Die Augen des Untiers glühten wie Kohlen.

Typhon war der Sohn Gaias, die über die Vernichtung der Giganten so erbost war, dass sie sich von Tartaros, dem Gott der Unterwelt, umarmen ließ und als Frucht das furchtbare Scheusal gebar.

Als Aphrodite das Ungeheuer sah, wusste sie keinen anderen Ausweg, als sich im Schilf des Ufers zu verstecken. Das Monstrum hatte sie aber schon bemerkt. Im letzten Moment kam ihr die Nymphe des Flusses zu Hilfe. Sie schickte der Göttin zwei große Fische. Diese hatten an ihre Schwanzflossen zwei Schnüre gebunden, an denen sich Aphrodite festhielt, um ihrem Tod zu entrinnen.

Als sie sicher am anderen Ufer angekommen war, wurden die beiden Fische von ihr als Sternbild an den Himmel gesetzt.

Die Fische-Frau

Ihr einfühlsamer und sinnlicher Charakter wirkt lieblich und zart auf Männer. Die Fische-Frau weckt den Beschützerinstinkt und alle zärtlichen Seiten eines Mannes. Männer können bei ihrem Anblick regelrecht dahinschmelzen.

Nicht selten umgibt sie sich mit einer mystischen und geheimnisvollen Aura, die nicht leicht zu durchschauen ist.

Hat sie einen Partner gefunden, ist sie selten untreu. Denn sie glaubt an die wahre Liebe. Wurde sie schon einmal enttäuscht, ist sie jedoch sehr vorsichtig und kann einen neuen Verehrer an der langen Leine zappeln lassen. Sie prüft ihn vorsichtig und aus allen Blickwinkeln. Denn sie lernt aus ihren schmerzvollen Erfahrungen.

Trotzdem hat sie oft Schwierigkeiten, den richtigen Mann zu finden. Trifft sie der Pfeil der Liebe, zieht sie oft die rosarote Brille auf und rennt in ihr Unglück. Später erkennt sie zwar ihre Fehler, ändern wird sie ihr Verhalten jedoch kaum.

Die Fische-Frau ist ein Familienmensch und geht in dieser Aufgabe auf. In der Regel wünscht sie sich Kinder und einen Partner, der genau so wie sie denkt. Traute Abende vor dem gemütlichen Kamin oder spielend mit ihren Kindern sind genau ihr Ding. Ihre natürliche mütterliche Art kann sehr anziehend auf Männer wirken. Sie wird selten daran denken, ihr Glück woanders zu suchen. Da kann sich ihr Partner sicher sein.

Bescheidenheit ist für sie das höchste Gut. Protzig aufgetragener Schmuck und schicke Autos beeindrucken sie nicht. Für sie zählen die inneren Werte eines Menschen. Geld misst sie nicht die Bedeutung zu, wie es ihre Freundinnen tun. Niemals würde sie sich selbst über ihr Gehalt definieren.

Da andere Werte für sie zählen, spürt sie auch selten einen Verlust, wenn sie ihren Beruf aus familiären Gründen aufgibt. Sie macht immer das Beste aus der jeweiligen Situation und ist im

Grunde ihres Herzens eine Optimistin.

Schicksalsschläge verarbeitet sie gut. Denn sie denkt immer an die schönen Dinge im Leben. Man sieht ihr die Freude daran meist an. Dann kann sie andere mitziehen und ihnen glückliche Stunden bescheren.

Im Berufsleben wird die Fische-Frau wegen ihrer ruhigen und geduldigen Art geschätzt. Sie kann Situationen gut einschätzen und bei Unstimmigkeiten vermitteln. Ein Kompromiss ist für sie nie eine Niederlage sondern immer ein Fortschritt. Nicht selten setzt sie sich für schwächere Personen ein, die ungerecht behandelt werden und verschafft ihnen Gehör. Dabei geht sie taktvoll und behutsam vor. Manchmal gibt sie nur Ratschläge, die dann aber die gewünschten Veränderungen nach sich ziehen. Sie ist ein Typ, der gerne aus dem Hintergrund heraus agiert und nicht gerne selbst auf der Bühne steht – obwohl sie das zweifelsohne könnte.

Ihre Seele ist ihr manchmal selbst ein Rätsel. Denn sie kann in Tagträumen versinken und die Zeit vergessen. Auch kann sie zur Melancholie neigen. Dann denkt sie an vergangene Tage und Erlebnisse, vielleicht auch an verlorene Freundschaften und gescheiterte Beziehungen oder sogar an den Tod eines geliebten Menschen. Meist schafft sie es jedoch aus eigener Kraft den dunklen Gedanken zu entkommen und sich selbst ein Rezept gegen die Lethargie zu verschreiben. Dann erstrahlt sie erneut und ist wieder so herzlich, wie wir es von ihr gewohnt sind.

Da sie sich selten mit Geld auseinandersetzt, können sie im Alter aufgeschobene Probleme einholen. Denn sie neigt dazu, sich kaum mit ihrer Alterssicherung und mit Versicherungen auseinanderzusetzen. Sie hasst Kleingedrucktes und wird es nie mögen. Das führt leider dazu, dass sie leichtfertig mit ihrer Zukunft spielt und viele Entscheidungen immer auf später verschiebt. Es sei ihr deshalb dringend dazu geraten, ihre Versicherungen und ihre Vorsorge durch einen Fachmann überprüfen zu lassen und

so drohendes Unheil abzuwenden.

Ihre gutmütige Art zieht manchmal auch Personen an, die sie nur ausnutzen wollen. Leider merkt sie das oft zu spät und hat nicht mehr die Chance, schadlos aus einer solchen Situation heraus zu kommen.

Beim Flirten ist die Fische-Frau eine wundersame Erscheinung. Sie wirkt fast hilflos und verletzlich. Manchmal übertreibt sie in diesem Ausdruck sogar etwas. Sie spricht damit den Beschützerinstinkt bei vielen Männern an und kann ihr Herz im Handumdrehen verzaubern. Hat sich ein Mann in sie verliebt, ist er jedoch nicht mehr so schnell abzuschütteln. Das bereitet ihr manchmal schlaflose Nächte. Denn sie wollte eigentlich doch nur ein wenig mit ihm spielen.

Einige Fische-Frauen perfektionieren ihre Flirttechnik so weit, dass sie immer ein paar hilfsbereite Männer um sich haben, die alles für sie tun würden. So muss sie selten selbst einen Nagel in die Wand schlagen oder die Reifen wechseln – obwohl es ihr manchmal nicht schaden würde, sich auch einmal selbst die Hände schmutzig zu machen.

Erotische Vorlieben der Fische-Frau

Die Fische-Frau ist im Bett ein Naturtalent. Sie verfügt über Körperkontrolle und vor allem Körpergefühl. Nie würde sie etwas tun, was dem anderen Schmerzen zufügt. Sie ist die Umsicht in Person.

Das heißt aber noch lange nicht, dass es bei ihr nur Kuschelsex gibt. Wenn sie will, kann sie richtig zur Sache kommen und mit ganzer Kraft den Sex zum Ausdauersport verwandeln.

Hautkontakt ist ihr sehr wichtig. Sie kann Stunden damit verbringen, sich zu baden und zu duschen und ihren Körper mit Lotionen, Ölen und wohlriechenden Cremes behandeln. Gerne fühlt sie ihren eigenen Körper und die geschmeidig zarte Haut. Wenn ihr Partner längere Zeit abwesend ist, liebt sie sich gerne selbst. Wünscht ihr Partner, einmal dabei zusehen zu dürfen, wird sie das aber in der Regel ablehnen. Sie hat doch etwas Angst davor, ihm jedes Geheimnis zu offenbaren.

Wenn ihr Partner ihr Komplimente macht, hört sie das gerne und fühlt sich geschmeichelt. Nicht selten ist sie eine etwas schüchterne Person, die bei anzüglichen Bemerkungen leicht errötet. Aber genau das ist eine Eigenschaft, die viele Männer begeistert. Sie wirkt dadurch noch etwas unschuldiger und sanfter, als sie in Wirklichkeit ist.

Am Anfang einer Beziehung spielt sie manchmal die Unerfahrene, nur um den Mann aus der Reserve zu locken – obwohl sie eigentlich schon viele Erfahrungen gesammelt hat.

Wer sie aus der Reserve locken will, sollte während des Aktes ihre Hand an intime Stellen führen oder sie mit der Zunge verwöhnen. Dabei kann sie alles vergessen und in eine andere Sphäre entschweben.

Der Fische-Mann

Der Fische-Mann ist ein anpassungsfähiger Charakter. Trifft er unterschiedliche Personen, kann er mit ihnen vollkommen verschiedene Themenbereiche erörtern. Es macht ihm dabei keine Probleme, wenn ihn einmal eine Thema nicht so interessiert. Er denkt eher an den persönlichen Kontakt und die damit verbundene angenehme Zeit. Der Fische-Mann ist kein Typ, der immer nur nach dem Nutzen seiner Handlungen fragt.

Nicht selten ist er ein Träumer und wünscht sich immer an die Orte, wo er gerade nicht ist. Das kann soweit gehen, dass er anfängt, ein Segelboot zu bauen und nach zehn Jahren keine Lust mehr hat, überhaupt auf Reisen zu gehen. Das Projekt, das Schiff zu bauen, befriedigte ihn schon vollkommen.

Durch seine Anpassungsfähigkeit läuft der Fische-Mann Gefahr, von Mitmenschen in seiner Meinung beeinflusst und gesteuert zu werden. In seiner Jugend schließt er sich meist Wortführern an, die auch einen Teil seiner Meinungen vertreten.

Als Freund ist er verlässlich und hilfsbereit. Meist ist es es, der immer seine Hilfe zusagt. Ist er handwerklich geschickt, kann er sich beim Hausbau seiner Freunde regelrecht verausgaben.

Der Fische-Mann ist ein kreativer Mensch. Oft ist er in einem kreativen Beruf tätig. Kann er seinen schöpferischen Willen im Beruf nicht ausleben, sucht er sich Hobbys, in denen er aufgeht.

Sein Charakter ist tolerant und rücksichtsvoll. Er ist nicht streitsüchtig. Sollte es doch einmal zu einer Auseinandersetzung kommen, ist er einer der ersten, die wieder zur Versöhnung aufrufen. Wird er aber so verletzt, dass ihm tiefe Wunden gerissen werden, zieht er sich meist in Schweigsamkeit zurück und geht dem Konflikt in Zukunft aus dem Weg. Ihm liegt nichts daran, in späteren Zeiten alte Dinge aufzuarbeiten. Sein Gefühl sagt ihm, dass das sowieso meist keinen Sinn macht.

Der Fische-Mann braucht Freiraum. Man könnte fast sagen, dass er das weite Meer zum Leben braucht. Wird er eingeengt oder klammert seine Partnerin zu sehr, nimmt er immer mehr Abstand oder zieht sich vollkommen zurück. Wird sein Handlungsspielraum sehr eingeschränkt, neigt er dazu, zu verkümmern und alle Freude zu verlieren.

Der Partnerin eines Fische-Mannes sei deshalb geraten, ihm nicht seine Männer-Abende zu vermiesen. Sonst hat sie bald mit einem anderen Problem zu kämpfen, seiner schlechten Laune.

Seine sinnliche und feinfühlige Art führt meist dazu, dass er als Vertrauensperson herangezogen wird. Er kann auch wirklich ein Geheimnis für sich behalten. Gerne ist er der Ratgeber und Tröster in Beziehungsfragen. Hier gibt er hilfreiche Tipps, die wirklich weiterhelfen können. Dieser Charakterzug führt dazu, dass er oft auch weibliche Freunde hat, mit denen er sich allerdings niemals ein Verhältnis vorstellen könnte. Diese romantischen Vorstellungen gehen eher von den Damen aus, die sich Hals über Kopf in ihn verlieben, weil er sie so gut versteht. Ist dieses Verhalten sehr ausgeprägt, kann es zu unschönen Auseinandersetzungen mit seiner Partnerin kommen, die darüber alles andere als begeistert ist.

Der Fische-Mann liebt den Augenblick. Er kann sich ein Glas Wein einschenken und den Moment genießen, ohne an gestern und morgen zu denken. Ein Abend mit guten Freunden bedeutet ihm mehr als jede andere Unternehmung. Er lädt deshalb gerne zu Festen ein und ist ein guter Gastgeber.

Da er gerne umherschweift, kann seine Partnerin auch Recht damit haben, dass er anderen Blüten manchmal nicht widerstehen kann. Sein gutmütiger Charakter ist in diesem Fall sein Feind – denn er kann schlecht nein sagen. Hat es eine Frau wirklich auf ihn abgesehen, ist er relativ leicht zu verführen – auch wenn er gerade eine Beziehung führt. Er ist ein Typ, der dann eben im Moment lebt und nicht an das Erwachen am Morgen denkt.

Dann plagt ihn das schlechte Gewissen, denn eigentlich wollte er das alles gar nicht.

Hat er eine Frau, die absolute Treue von ihm verlangt, kann ihn das vor eine schier unlösbare Aufgabe stellen. Und oft sind es seine Partnerinnen die aus diesem Grund eine Beziehung mit ihm beenden. Sie können einfach nicht mit dieser Art leben – obwohl er es bestimmt nicht böse meint.

Im Grunde seines Herzens ist er ein guter Mensch, der es einfach jedem Recht machen will. Er würde gerne mit mehreren Frauen ohne Komplikationen zusammen leben. Allerdings schafft er es in seinem Leben kaum, diesen Wunsch in die Tat umzusetzen.

Ist dieser Charakterzug nicht sehr ausgeprägt, kann sich seine ganze Aufmerksamkeit allerdings auch auf seine Partnerin richten. Sie ist dann der Mittelpunkt seines Lebens und wird von ihm auf Händen getragen.

In seinem Beruf ist er ein Organisationstalent. Leider ist er nicht ehrgeizig genug, um die Karriereleiter schnell nach oben zu steigen. Er ärgert sich deshalb oft über Kollegen, die offensichtlich unfähig sind, ihn aber trotzdem überholen. Manchmal zieht er sich dann zurück und schmollt – oder er sieht die Arbeit von nun an nur als Arbeit. Das Leben beginnt dann, wenn er wieder zu Hause ist. Der Fische-Mann ist in der Regel ein treuer Mitarbeiter, der nicht leichtfertig kündigt. Ihm sind Sicherheit und Beständigkeit wichtig. So behält er lieber einen etwas langweiligen Posten als in eine ungewisse Zukunft aufzubrechen.

Manchmal sollte er mehr Mut aufbringen, seine Zukunft aktiv zu gestalten. Denn es liegt in seiner Hand, sein Leben zu lenken und zu beeinflussen.

Erotische Vorlieben des Fische-Mannes

Eine Fische-Mann schwelgt schon früh in sexuellen Fantasien. Er malt sich sein erstes Mal in so schillernden Farben aus, dass die Wirklichkeit manchmal für ihn ernüchternd ist.

Im Laufe der Zeit versteht er es aber sehr gut, seine Fantasien in Taten umzusetzen und seine Partnerin immer mit neuen Spielen zu überraschen.

Sein Sexualverhalten nimmt dabei selten perverse Züge an. Er kann auch in klassischen Stellungen kreative Einfälle haben, die seiner Partnerin und ihm selbst wundervolle Lustmomente bescheren.

Der Fische-Mann ist ein Kuschel-Typ, der gerne von seiner Partnerin verwöhnt wird. Er liebt die Berührungen ihrer Hände und ihres Mundes auf seiner Haut. Nicht selten wünscht er sich, von ihr zum Höhepunkt gebracht zu werden, ohne dass er selbst aktiv werden muss. Dann schließt er die Augen und vergisst die Zeit. Hat er sich wieder erholt, gibt er zurück, was er geschenkt bekommen hat.

Natürlich gibt es auch Fische-Männer, die nicht viel von Vorspielen halten. Sie gehen gleich zur Sache und sind recht schnell fertig. Ihnen sei geraten, sich in Geduld zu üben – denn der Weg ist hier das Ziel. Und der Lustmoment ist doppelt so schön, wenn die Partnerin Zeit bekommt, diesen Moment mit ihm zusammen zu erleben.

Unter den verschiedenen Stellungen sind ihm die am Liebsten, in denen er seine Hände frei bewegen kann. Während des Sex streichelt er gerne und berührt die intimen Stellen seiner Partnerin. Er empfindet mindestens genauso viel mit seinen Händen wie mit seinem Geschlechtsorgan.

Will seine Partnerin ihn einmal richtig wild erleben, sollte sie ihn bitten, ihren Körper mit Öl einzureiben. Das glitschige Gefühl bringt ihn außer Rand und Band.

Was Fische und Partner verbindet

Ob es in einer Beziehung Harmonie oder Streit gibt, ist nicht immer nur Sache der Charaktere. Man spricht nicht umsonst vom guten Stern, der über einigen Beziehung steht. Eine Liebe, die ein Leben lang anhält, ist der Wunschtraum vieler Menschen in einer heute sehr schnelllebig gewordenen Zeit. Fast alle sehnen sich danach, im Partner die Person gefunden zu haben, mit der alle Schwierigkeiten im Leben zu meistern sind. Zudem darf eine harmonische Beziehung nie soweit abkühlen, dass sich die Partner auseinander leben. Hier kann ein Blick in das Partnerhoroskop helfen. Eventuelle Spannungen können so früh neutralisiert werden. Denn nur wenn Probleme früh erkannt werden, lassen sie sich schnell und unkompliziert lösen.

Zu einer vollkommenen Liebe gehört eine erfüllte Sexualität. Hält geistige und körperliche Verbundenheit sich die Waage, wird eine Beziehung in der Regel immer unter einem guten Stern stehen. Aber welche Vorlieben hat der Partner im Bett? Das ist eine viel zu selten gestellte Frage, die für einige Paare in der Trennung endet. Das muss nicht so sein.

Je mehr Sie sich mit den Vorlieben Ihrer Partnerin oder ihres Partners beschäftigen, desto erfüllender können die intimen Stunden für Sie beide werden.

Nachfolgende Partnerkonstellationen führen verborgene Wünsche und Abneigungen offen auf, die Ursache für Unlust im Bett sein können. Unterhalten Sie sich darüber mit ihrem Partner. Oftmals wird erst so ein lange gehegter Traum Wirklichkeit. Natürlich ist beim Sex alles erlaubt, was gefällt. Auch wenn Ihre Neigungen nicht genau den hier beschriebenen Praktiken entsprechen, finden Sie viele Anregungen, die das Sexualleben beleben können.

Widder als Partner des Fisches

Fische empfinden Widder oft als taktlos. Sie reagieren vielfach sehr sensibel auf die Wortwahl der Widder, die hier nicht unbedingt ihre Stärke zeigen. Das wirft in der Anfangszeit von Beziehungen oft Schwierigkeiten auf. Die impulsive Art und die Spontaneität des Sternzeichens Widder werden hingegen auf geniale Art vom Zeichen der Fische aufgenommen. Fische sind flexibel und können mit großen Kräften und Launen umgehen. Allerdings neigen sie auch dazu, beleidigt zu reagieren, was in Krisensituationen oft zum Bruch einer Beziehung führt.

Nicht selten sind es aber Fische, die die Situation durch ihre sensible Art meistern und einem stürmischen Widdern noch eine zweite Chance einräumen. Enttäuschte Widder, die Schmerzen noch nicht verarbeitet haben, finden oftmals in Fischen ihren idealen Partner.

Spielt der Widder seinen Kampfeseifer nicht immer aus, verläuft die Fische-Widder-Kombination als glückliche Partnerschaft. Und mit Glück ist wirkliches Liebes- und Lebensglück verbunden. Gründen sie eine Familie, kümmern sie sich verantwortungsvoll um den Nachwuchs und bringen wie kaum ein anderes Paar die Sonne in den manchmal monotonen Alltag.

Ist die Beziehung gesund, sollten sich beide Partner bemühen, durch gegenseitige Aufmerksamkeit und Zuwendung das Gefühl der Liebe aufrecht zu halten. So kann die Harmonie dieses Paares auch in stürmischen Zeiten nicht gestört werden. Auf diese Weise innig verbundene Paare, leben meist bis an ihr Lebensende glücklich und zufrieden zusammen.

Das Liebesspiel des Fische-Widder Paares

Beim Liebesspiel werden Widder von Fischen sehr angezogen. Der natürliche Optimismus der Fische steckt sie an. Zudem agieren Fische im Bett sehr natürlich und intuitiv. Auch das mag der Widder-Geborene sehr gerne. Er ist ja selbst ein impulsiver Mensch, der auch bei der Lust nicht sehr über die Hintergründe nachdenkt. Schöne Stunden in intimer Zweisamkeit liegen ihm mehr als das Philosophieren und das Heraufbeschwören von Problemen – Eigenschaften, die ihn zum idealen Partner des Fisches machen.

Kommen beide Partner mit dem unterschiedlichen Temperament des Gegenüber zurecht, werden sie aneinander oft ein ganzes Leben lang Freude haben. Die intimen Stunden gestalten sich in wundervoller Harmonie. Wünsche werden bei langjährigen Partnern von den Augen abgelesen und selten trennen sich diese Partner nach langjährigen Beziehungen.

Beide Sternzeichen lieben das Gefühl von nackter Haut. Sie schlafen beide gerne nackt oder wandeln sogar so durch die Wohnung. Sie lieben beide ausgiebige hingebungsvolle Stunden, in denen auch neue Spielarten gerne ausprobiert werden. Da sie zusätzlich noch ein inneres Band verbindet, verlieren sie auch dann keine Lust aneinander, wenn das Spielzeug nicht parat liegt. Sie erfreuen sich in erster Linie am Körper ihres Partners. Alles, was ihnen den Blick darauf verdeckt, wirkt aus diesem Grund störend auf sie.

Stier als Partner des Fisches

Ist eine Konstellation zwischen Sternzeichen manchmal regelrecht wolkenverhangen – für dieses Paar trifft genau das Gegenteil zu.

Fische fühlen sich ausgesprochen wohl in der Obhut von Stieren. Sie lieben einen sicheren Hafen, in den sie sich in stürmischen Zeiten gerne zurückziehen. Der Fels in der Brandung ist ihnen eine willkommene Burg, die sie selbst sorgsam mitgestalten.

Allerdings haben Fische oft den Drang ins weite Meer hinauszuschwimmen und sich treiben zu lassen. Eine Eigenart, die der Stier nicht immer nachvollziehen kann. Denn zu Hause ist es doch am schönsten!

Lässt der Stier dem Fisch die Freiheit, wird er immer mit bereichernden Eindrücken heimkehren und ihn zum Mitreisen ermutigen. Geht der Stier darauf ein, findet er im Fisch noch mehr Liebe. Denn nun kann sich dieser auch während seiner Reisen mit seinem Partner vergnügen.

Gründen beide eine Familie, kann es keine geeigneteren Behüter der eigenen Kinder geben. Fische sorgen sich mit Hingabe um ihre Kinder und Stiere beschützen das Haus mit aller Kraft, die sie aufbringen können.

Ist das Paar einige Zeit zusammen, braucht es schon schwerwiegende Gründe dafür, wieder eigene Wege zu gehen. In der Regel sind Beziehungen dieser Art auf Dauer angelegt.

Das Liebesspiel des Fische-Stier Paares

Das Liebesspiel der Fische ist legendär. Sie besitzen eine wendige Leichtigkeit, die den Stier, der eher behäbig aber kraftvoll agiert, begeistert.

Das oft als unberechenbar und wankelmütig beschriebene Temperament der Fische ist hier die treibende Kraft. Denn der Stier wird so gut wie alles ausprobieren, was ihm der Fisch vorschlägt. Er folgt ihm überall hin und erlebt mitunter auch das ein oder andere Sexabenteuer.

Romantische Liebe vor dem Kamin ist nicht die erste Wahl dieses Paares. Sie lieben eher spontanen Sex während eines Spaziergangs. Wozu eine offene Gartenhütte doch zu gebrauchen ist!

Nicht selten führt sie ihre Reise auch in ferne Länder, wo sie an exotischen Orten oder am Strand heiße und innige Momente erleben. Fische lieben das Meer und können sich stundenlang, ihren Blick auf den Horizont gerichtet, küssen und lieben. Beide genießen den Sand auf der Haut und wenn Wind oder Wasser ihren Körper umschmeicheln. Nicht selten sieht man sie eng umschlungen einschlafen. Auch im Ehebett wenden sie sich häufig einander zu und suchen den Körperkontakt.

Als Stellung bevorzugen beide die Löffelchenstellung – denn hier können sie sich mit ihrem gesamten Körper fühlen.

Eines ist sicher: Hat der Stier einen Fisch gefunden, der ihn sexuell begeistert, wird er ihn nicht mehr aus den Augen lassen.

Zwillinge als Partner des Fisches

Zwillinge sind redegewandt. Ein im Sternzeichen der Fische geborener Partner wird ihnen gerne zuhören. Das Paar ist selten still anzutreffen. Jedoch sollte diese Partnerschaft nicht einseitig werden. Fische sind zwar geduldige Zuhörer, jedoch wollen sie hin und wieder auch ihr Herz ausschütten. Zwillinge, die hier zu egozentrisch sind und den Anderen nie zu Wort kommen lassen, hinterlassen einen negativen Eindruck beim Fisch. Er kann zurückstecken – hat er jedoch etwas zu sagen, will er ernst genommen werden.

Zwillinge sollten nie über einen Fisch lachen. Das verärgert ihn zutiefst. Werden diese Regeln der Kommunikation beachtet, steht eine Fische-Zwillinge-Beziehung unter einem guten Stern. Die Beiden führen ein fröhliches Leben. Schwarze Wolken ziehen selten auf. Stellt sich schlechte Stimmung ein, ist der Unternehmungsgeist und der Optimismus beider Sternzeichen gefragt. Nur er führt aus dem Tal der negativen Launen.

Gestatten sich beide gegenseitig Freiraum, wird auch die Beziehung freier wachsen können. Enge ist Gift für beide Seelen.

Das Liebesspiel des Fische-Zwillinge Paares

Beide Partner lieben fantasievollen Sex. Hier können Hilfsmittel, wie Sexspielzeuge, aber auch ganze Arrangements, eine große Rolle spielen. Sie genießen beide in erster Linie mit den Augen. Und die visuellen Eindrücke erregen sie bis zur Ekstase. Sie können sich mit äußerster Lust dabei zusehen, wie sie sich selbst streicheln und verwöhnen.

Wenn sie es noch nie probiert haben, sich zu fotografieren oder zu filmen, sollten sie es versuchen. Es werden heiße Bilder! Nicht selten genießt das Paar auch Sex in Swinger-Clubs, wo es sich gerne zeigt und genauso gerne zusieht. Im Herzen sind Beide Voyeure, was nicht negativ gemeint ist. Ein visuelles Lustgefühl bedeutet ihnen manchmal mehr, als körperlicher Kontakt. Kommt es dazu, muss das Umfeld stimmen. Unpassende Musik oder grelles Licht führen oft zu Frust, ohne dass beide wissen, woran es eigentlich liegt. Beide sollten sich deshalb ein sehr gemütliches Liebesnest nach ihrem Geschmack bauen.

Man wird sich deshalb nicht wundern, wenn man ihr Schlafzimmer betritt: So stellt man sich eine Liebeskammer aus Tausend-und-einer-Nacht vor. Alleine der Anblick des Schlafzimmers wirkt erotisierend auf den Betrachter.

Krebs als Partner des Fisches

Eine Beziehung unter Gleichgesinnten. Und ein Märchen wird Wirklichkeit. In kaum einer anderen Konstellation begegnen sich Partner so gefühlvoll und mit gegenseitigem Respekt, wie in dieser. Krebs und Fisch, beide überaus sensible veranlagt, lieben gemeinsame Sonnenuntergänge. Da müssen keine Worte mehr gewechselt werden. Beide wissen, was sie an einander haben und spüren es täglich, wenn sie von ihrem Partner umarmt werden. Ein unsichtbares Band verbindet sie, das keine Kraft lösen kann. Allerdings sollten sie sich davor hüten, nur ihren Träumen hinterher zu laufen. Durch die rosarote Brille sieht diese Welt wunderschön aus. Leider gibt es aber noch die Realität mit all ihren Tücken. Das Paar sollte sich insbesondere davor hüten, Verträge allzu schnell zu unerzeichnen. Und das ist ein gut gemeinter Rat: Investieren sie immer vor großen Anschaffungen, wie z.B. dem Bau oder Kauf eines Hauses, in einen Fachmann, der ihren Traum auf Herz und Nieren prüft. Dieses Geld ist in der Regel nie falsch angelegt und sie werden vor Irrtümern geschützt, die sonst ihren finanziellen Ruin bedeuten könnten.

Das Liebesspiel des Fische-Krebs Paares

Man könnte meinen, dieses Paar lebt von der Liebe alleine. Gegenüber ihrer Beziehung tritt alles andere in den Schatten. Selten gibt es überhaupt etwas, das Vorrang vor dem eigenen Partner haben könnte. Diese Zuneigung spiegelt sich in einem stetigen Knistern zwischen beiden wider. Es vergeht keine Stunde, ohne dass der eine an den anderen denkt. Sind sie zusammen, tauschen sie meist unbekümmert Zärtlichkeiten aus und stoßen hierbei auch auf Kritik. Allerdings lässt sie das unberührt. Denn sie wissen, dass sie gefunden haben, wonach andere noch ewig suchen müssen.

Über das Sexleben der beiden gibt es nur so viel zu berichten: Es funktioniert perfekt und ist für beide befriedigend. Obwohl sie ihre Liebe ewig aufrecht erhalten, sollten sie sich ab und zu Mühe geben, es dem Partner so richtig schön zu machen. Eine spontane Verwöhnung vor dem offenen Kamin, eine unvorhergesehene Einladung ins Wellness-Hotel – und mit minimalem Aufwand tanken beide wieder Energie, ihr weiteres Leben zu meistern.

Löwe als Partner des Fisches

Der sensible und geheimnisvolle Fisch findet im Löwen einen Partner, der ihn nie ganz ergründen wird.

Ein Löwe, der zu selbstherrlichen Darbietungen neigt, steht nicht auf der Wunschliste des Fisches, der sich vom Partner Einfühlungsvermögen wünscht. So wird man einem Fisch, der auf Dauer nicht glücklich wird, die Trennung empfehlen müssen. Nicht selten leben die Partner dieser Beziehung nebeneinander her, ohne je die Tiefgründe ihres Liebsten erforscht zu haben. Um dieser Gefahr vorzubeugen, empfiehlt es sich schon früh den Charakter des anderen auszuloten, um dann später vor Überraschungen sicher zu sein.

Im Löwen findet ein Fische-Geborener einen großzügigen Partner, der es nie an etwas fehlen lässt. Pleiten sind hier also nicht zu befürchten. Lassen sich beide ihren Freiraum – und auch den geistigen Austausch mit anderen Menschen – kann diese Beziehung lange Bestand haben. Dann haben sich zwei Tierkreiszeichen verbündet, die zwar nicht immer in Harmonie zusammen leben können, aber trotzdem ihr Glück finden werden.

Das Liebesspiel des Fische-Löwe Paares

Fische, denen Vorspiel und Zärtlichkeit wichtig sind, finden im Löwen einen Partner, der ihnen eigentlich entgegenkommt. Allerdings können sie es nicht leiden, wenn der Löwe andauernd dafür Bewunderung ernten will.

Beide Partner mögen den Kontakt ihrer Körper auf der Haut und lieben es, nackt zu schlafen. Seidene Bettwäsche kann für beide wie ein Orgasmus wirken. Fische lieben es in der Regel genauso natürlich wie Löwen. So stört jedes Beiwerk und jede Spielerei eigentlich die Vereinigung.

In dieser Konstellation legen beide wenig Wert auf Dessous. Denn als Aphrodisiakum wirken ihre Körper selbst. Da sich beide so ursprünglich wir möglich wünschen, lieben sie es auch, sich intim zu rasieren. Die so befreiten Zonen werden vom Partner gerne mit Ölen verwöhnt, um danach in Wollust zu verschmelzen.

Jungfrau als Partner des Fisches

Ein Paar, welches mit Erde und Wasser verbunden ist, kann so schnell nichts aus der Bahn werfen. Beide Tierkreiszeichen können sich trotz der gegensätzlichen Charaktere glänzend verstehen. Allerdings birgt diese Verbindung auch Tücken, die es mit Feingefühl zu meistern gilt.

Denn beide sind sehr sensibel veranlagt. Sie erkennen sehr früh die Abneigungen und Wünsche ihres Partners und würden ihn niemals ändern wollen. Dafür besitzen sie zu viel Weitblick. Sie lieben sich in der Regel mit all ihren Fehlern. Natürlich kommt es auch zu Konflikten, die aber schnell beigelegt werden können, da beide die Argumente der Gegenseite konstruktiv aufnehmen. Wird Kritik geäußert, ist sie selten unbegründet.

Jungfrauen lassen sich gerne von den Träumereien der Fische mitreißen und lösen sich dadurch etwas von ihrer Bodenständigkeit. Fische werden ihrerseits oft von ihren Partnern auf den Boden der Tatsachen zurückgeholt, was je nach Fall auch seine Berechtigung haben kann. Ist die Freiheitsliebe des Fisches allerdings zu stark ausgeprägt, wird sich die Jungfrau nach einem anderen Partner umsehen. Sie kann nicht nur von Luft und Liebe leben.

Das Liebesspiel des Fische-Jungfrau Paares

Fische lieben es in der Regel natürlich und suchen diese Eigenschaft auch in ihrem Partner. Agiert die Jungfrau allzu frigide, irritiert das den Fisch, der Sex als eines von vielen Elementen des Lebens sieht. Er räumt dem Geschlechtsakt keine „überirdische" Bedeutung ein, wozu Jungfrauen durchaus tendieren.
Geistige Verbundenheit, Verantwortung und Rücksichtnahme sind Schlagworte, die die Seele der Jungfrau auch im Bett beschreiben – denn ganz abschalten kann sie nie. Ihre, vielleicht etwas zu disziplinierte Einstellung, trifft hier auf eine freie körperliche Liebe ohne Hintergedanken. Dort schlummert viel Konfliktpotenzial.
Beide werden an sich arbeiten müssen, um einen gleichen Nenner zu erarbeiten. Und das ist manchmal leichter gesagt als getan. Hat der Fisch die notwendige Einsicht und kann ein Verständnis für die Gefühle des Jungfrau-Geborenen entwickeln, können sich wunderbare Momente ergeben, in denen dann beide auf ihre Kosten kommen.

Waage als Partner des Fisches

Die Waage-Fische-Verbindung vereint zwei unterschiedliche Charaktere, die sich eigentlich recht ähnlich sind. Gemeinsamkeiten ziehen an.

In der glühenden Liebe der Anfangszeit vergessen beide den Alltag und alles scheint zu passen. Leider tun sie sich später oft schwerer, mit Konflikten innerhalb ihrer Beziehung umzugehen. Beide suchen Harmonie mehr als alles andere.

Nicht selten geben sie einen Job auf, in dem sie sich nicht so richtig glücklich fühlen. Sie wissen intuitiv, was ihnen gut tut. Leider vergessen sie – aufgrund der Zufriedenheit mit ihrer Lebenssituation – ab und zu ihren Partner, der sich dann naturgemäß vernachlässigt fühlt.

Dem Paar wäre zu empfehlen, die Aufmerksamkeit weniger auf das eigene Glück, sondern auf das „gemeinsame Glück" zu richten. Spannungen können so vermieden werden und beide finden bestimmt genügend Schnittmengen.

Fische und Waagen reagieren sehr sensible auf äußere Einflüsse. Das macht sie verletzlich und angreifbar. Sie sollte deshalb ihre Geheimnisse nur guten Freunden anvertrauen. Sonst könnten sie aus unvermuteter Richtung Gegenwind erhalten. Denn nicht jeder gönnt ihnen ihr Glück.

Das Liebesspiel des Fische-Waage Paares

Der Fisch liebt Geborgenheit und endlose Zärtlichkeit – aber nur dann, wenn er will. Denn im Herzen behält er sich seinen gesunden Freiheitsdrang. Waagen haben damit ihre Schwierigkeiten. Sie verfügen zwar über die Fähigkeit, sich schnell unterschiedlichen Situationen anzupassen, allerdings ist das Loslassen des Partners etwas, dass ihnen nicht so leicht fällt.

Beide sollten mit ihren Gefühlen ehrlich zueinander sein, um auch das Sexleben gesund zu halten. Fische sind beim Sex nicht so aktiv wie Waagen. Sie lieben auch keine Extreme. Damit die Waage mit ihrer kreativen Art doch ihren Spaß hat, muss sie behutsam und rücksichtsvoll vorgehen. Ein stürmischer Angriff erschreckt den Fisch und er zieht sich zurück. Für den Fisch ist Sex immer etwas Geheimnisvolles. Er vollzieht ihn nicht nur aufgrund der wünschenswerten körperlichen Befriedigung. Körperliche Liebe hat für ihn immer etwas mit der geistigen Liebe und der Gesamtsituation zu tun. Ist er im Stress oder hat belastende Gedanken im Kopf, hat er keine besondere Lust. Kann die Waage Seine Probleme nachvollziehen und mit ihm darüber sprechen, ist das die beste Vorraussetzungen für gelösten Sex und die Libido steigt merklich an.

Skorpion als Partner des Fisches

Auf geistiger Ebene liegt dieses Paar auf einer Wellenlänge. Sie verstehen sich meist vom ersten Augenblick an. Sind sie einmal von einander fasziniert, zieht es sie wie magisch zueinander. Sie flirten ausgiebig. Und der Fische-Partner findet schnell sein Mittel, den Skorpion zu verführen.

Skorpione fühlen sich, als wären sie auf eine Goldader gestoßen. Nicht selten wird der Fisch ihnen die Wünsche von den Augen ablesen.

Mit Einfühlungsvermögen schaffen es beide Partner, ihre negativen Seiten zu verdrängen. Sie merken schnell, dass sie ihre Energie für sinnvollere Tätigkeiten verwenden könne, als immer nur zu streiten. Beide sollten sich jedoch davor hüten, mit den Gefühlen des anderen zu spielen. Skorpione reagieren darauf eifersüchtig und unberechenbar, Fische ziehen sich zurück und verstummen.

Um eine Trennung zu vermeiden, sollten sich beide ihrer Stärken und ihrer Waffen bewusst sein und diese nie gegen ihren Partner richten. Sie sollten sich dann immer Fragen, warum sie denn eigentlich zusammengekommen sind. Und die Wogen werden sich wieder glätten.

Das Liebesspiel des Fische-Skorpion Paares

Der fantasievolle Fisch wird das Sexleben des Skorpions auf eine Art bereichern, die selbst ihm die Sprache verschlägt. Man liebt sich hier sowieso ohne Worte. Denn wozu etwas sagen?

Alles passt perfekt. Der Fische-Geborene versteht es, die Stimmung des Skorpions zu erahnen. Wünscht sich der Skorpion etwas, hat es der Fisch es meistens schon erraten. Ihn begeistert die Ausdauer und die Spontaneität des Skorpions – und er kann fast immer alle Kraft in ihm freisetzen. So scheint es nur vordergründig so, als würde der Skorpion-Geborene immer den Ton angeben.

Durch die Gabe, sich auf jede Situation einstellen zu können, hat der Fisch im manchmal launischen Skorpion einen Partner gefunden, der ihn auf Händen trägt. Nicht zuletzt ist es der Beschützerinstinkt des Skorpions, den besonders schüchterne Fische lieben. Sie können sich beruhigt zurücklehnen und ihr Leben genießen – auch im Bett.

Schütze als Partner des Fisches

Die Schütze-Fische-Verbindung kann durchaus leidenschaftlich beginnen. Um die Leidenschaft aber über einen langen Zeitraum zu bewahren, müssen beide Partner hart an sich arbeiten. Hören sie einander gut zu und respektieren beide ihre Freiräume, steht einer gemeinsamen Zukunft nichts im Weg.

Meist sorgt der Schütze für das gemeinsame Wohl. Fische können sich geborgen fühlen. Es ist in der Regel immer genug Geld für beide vorhanden. Wird eine Familie gegründet, ist das noch ein weiterer Ansporn für den Schützen wieder einen Zahn zuzulegen. Fische sehen es etwas gemütlicher. Sie umsorgen die Familie und fühlen sich nicht recht wohl, wenn sie sich ihr Leben in Arbeit und Familie aufteilen müssen. Sie verschreiben sich gerne nur einer Sache. In der heutigen Zeit ist das allerdings schwer zu realisieren.

Schützen, die in einer Fische-Konstellation leben, sollten immer im Hintergrund behalten, dass ein Fisch im Ozean glücklicher ist als im Goldfischglas.

Wenn ein Fisch bemerkt, dass ihm absolutes Vertrauen entgegengebracht wird, ist er der treuesten Partner, den sich ein Schützen vorstellen kann.

Das Liebesspiel des Fische-Schütze Paares

Darf es etwas mehr sein?
Obwohl beide sich mit Respekt und Nachsicht im Bett begegnen, fehlt es doch an der notwendigen Ausdauer. Fische lassen sich oft durch Nebensächlichkeiten, wie zu laute Musik oder eine zu schlampige Wohnung, von der Erfüllung ihres Glücks ablenken. Sie finden im Schützen einen spontanen Liebhaber, der immer schnell zur Sache kommen will. Manchmal ist das dem Fisch zu wenig und Unlust macht sich breit. Berücksichtigt der Schütze dieses Bedürfnis des Fisches, kann er seine Libido vollständig entfachen.
Das Ergebnis ist dann eine Befriedigung beider Seiten. Denn hat der Fisch erst einmal Feuer gefangen, kann der Schütze ganz schön ins Schwitzen kommen. Er hat durchaus die Kondition und die Kraft mit ihm mitzuhalten und ihn sogar zu übertreffen. Schütze und Fisch, Feuer und Wasser – gehen sie aufeinander zu, sind ihnen wundervolle Stunden beschert. Der einfühlsame Fisch wird den Schützen kunstvoll verwöhnen. Der Schütze wird ihm dafür mehr Zärtlichkeiten schenken, als er sich erträumt hat.

Steinbock als Partner des Fisches

Steinböcke umsorgen ihre Partner gerne. Im Fische-Geborenen finden sie einen Partner, der genau nach einer solchen Behandlung sucht. Hier fühlt er sich geborgen. Mit Faulheit oder Bequemlichkeit hat das nichts zu tun. Es ist vielmehr das Gefühl, nach einer langen Reise endlich dort angekommen zu sein, wo es einem am besten gefällt.

Man könnte nun meinen, dass der Steinbock-Geborene dabei nicht auf seine Kosten kommt – weit gefehlt. Denn Fische verstehen es, mit sensiblem Gespür den Wünschen ihres Partners auf den Grund zu gehen. Und so erhalten sie meist einen Gegenwert, der sie unendlich glücklich macht.

Das Steinbock-Fische-Paar ist zu beneiden. Denn im Gegensatz zu anderen Paaren versteht es sich sehr gut. Streitereien kommen selten vor und werden in der Regel sachlich und ohne große Emotionen ausgetragen.

Das alles sind Voraussetzungen für eine lange Liebe und eine Ehe, die bis ins hohe Alter andauern kann.

Steinböcke sollten sich allerdings davor hüten, ihrem Fisch die Freiheit einzuschränken. Hier reagiert er mit Rückzug, bricht plötzlich aus der Beziehung aus oder verkümmert.

Das Liebesspiel des Fische-Steinbock Paares

Da beide das Leben als größtes Abenteuer erkannt haben, lassen sie auch im Bett alle Hemmungen fallen. Oft beginnt der Liebesakt mit einem geistreichen Gespräch. Denn beide kommunizieren gerne. Und so gehört Sprache zu den wichtigsten Verführungsmitteln dieses Paares. Während der Vereinigung bleibt auch der Humor nicht außen vor – und so kann man es aus dem Schlafzimmer auch öfter herzhaft lachen hören. Beide kümmert es wenig, ob jemand von ihrer Liebe etwas mitbekommt.

Fische sind lieben nichts lieber, als nackt durch die Wohnung zu spazieren. Steinböcke können sich an diesem Anblick kaum satt sehen. Sie beobachten gerne. Hat das Paar noch nie einen Strip ausprobiert, sollte es das einmal versuchen. Wenn das zu langweilig ist, wirkt eine kleine Pokerrunde wie ein Wunder.

Die geheimsten Wünsche können so endlich einmal ausgesprochen werden und gehen mit etwas Glück in Erfüllung. Beide wissen das zu schätzen. Den Steinbock reizt nicht nur der geschmeidige Körper des Fisches, dessen unergründlicher Charakter fordert ihn immer wieder heraus, allem auf den Grund zu gehen.

Wassermann als Partner des Fisches

Obwohl beiden Partnern das Element Wasser zugesprochen wird, läuft es in dieser Beziehung nicht immer rund. Denn Fische suchen Harmonie und neigen dazu, den Wassermann zu umklammern. In Wirklichkeit sind Fische nun Abhängig von den Gefühlen ihres Partners. Bleiben Komplimente und Liebesbeweise aus, geraten sie ins Zweifeln und können oft die Karten nicht offen auf den Tisch legen. Wassermänner bekommen dann fast keine Luft mehr und brechen aus. Untreue und Spannungen können daraus resultieren.

Empfindsamen Fischen sei deshalb geraten, ihre Gefühle offen zu artikulieren und dem Partner Raum zum Atmen zu geben. Die Abende müssen nicht immer zu zweit verbracht werden. Jeder kann mit seinen Freunden etwas unternehmen, ohne dass der andere gleich Eifersüchtig reagieren muss. Nur so kann sich eine Beziehung gesund erhalten.

Werden diese Klippen umschifft, kann die Beziehung der Meeresbewohner unter einem guten Stern stehen. Um dieses Ziel zu erreichen, müssen beide an sich arbeiten. Ihre tiefe Zuneigung hilft ihnen dabei. Sie ist gleichzeitig das Mittel um Rückschläge zu verkraften.

Das Liebesspiel des Fische-Wassermann Paares

Beim Liebesspiel zwischen beiden Partnern gibt es weniger Probleme als gedacht. Der sensibel agierende Fisch schätzt die Stimmung seines Partners in der Regel richtig ein. Wassermänner geben meist den Ton an, jedoch sind sie auch bereit, zu genießen. Hier laufen sie allerdings Gefahr, sich immer mehr in ihrer passiven Rolle wohl zu fühlen und die Zärtlichkeiten des Fische-Partners ohne Gegenleistung zu konsumieren.

Da Fische ein gutes Einfühlungsvermögen besitzen, werden sie sich zwar einige Zeit mir der Situation arrangieren – jedoch kann die körperliche Liebe keine Einbahnstraße zwischen ihnen sein. Nutzt der Wassermann seine Position zu sehr aus, verkümmert der Fisch, wird schlecht gelaunt oder verweigert sich.

Wassermänner können perfekte Liebhaber sein. Sie haben neue Ideen, mit denen sie das Sexualleben bereichern können. Sie lieben es, den Akt so abwechslungsreich wie möglich zu gestalten. Auch die Orte, an denen es zur körperlichen Liebe kommt, werden oft gewechselt. Aber es liegt an den Fischen, sich nicht alleine mit der Idee zufrieden zu geben. Zur Liebe gehört immer der Wille beider Partner.

Fische als Partner des Fisches

Zwei Träumer haben sich gefunden. Und zu träumen kann eine wundervolle Beschäftigung sein. Da sich beide auf tief emotionaler Ebene verstehen, kann aus einer Freundschaft auch eine Liebe werden. Allerdings sollte die Freundschaft nicht allzu lange dauern – sonst ist der Zug abgefahren und beide können den Schritt nicht mehr wagen, weil sie denken, dass sie sich schon zu gut zu kennen. Diese Seelenverwandschaft sollten sie niemals aufs Spiel setzen.

Da beide Familienmenschen sind, wünschen sie sich meist viele Kinder, die alle beispielhaft, wenn auch etwas verwöhnt ihr Leben meistern werden.

Das Erwerbsleben des Fische-Paares spielt sich eher ernüchternd ab. Die Arbeit ist dazu da, Geld nach Hause zu bringen. Aufgelebt wird dann meist erst in der Freizeit oder im Urlaub, wo Fische ihrem Freiheitsdrang nachgehen.

Mit Liebe zum Detail verfolgen sie kulturelle Spuren in fernen Ländern und geben sich schon lange vor ihren Reisen der Literatur hin. Dann träumen sie beide davon, auszuwandern und das Leben noch einmal neu zu beginnen. Manchmal wird daraus auch Wirklichkeit. In den meisten Fällen hingegen, wird dieser Traum vom nächsten abgelöst.

Das Liebesspiel des Fische-Fische Paares

Glatt und ohne Hindernisse sollte es hier zugehen. Nicht zuletzt deshalb mögen Fische keine Kondome. Sie hindern sie am echten Gefühl. Ihre Spezialität ist die Intimrasur – wenn sie es noch nicht ausprobiert haben, ist es auf jeden Fall einen Versuch wert – denn sie werden den Kontakt der nackten Haut lieben.

Sie lieben Massagen und können sich ganze Abende und Wochenenden nur mit ihren Körpern beschäftigen. Zu den aufregendsten Liebkosungen gehört das Einreiben mit Ölen. Gleiten die Körper in glitschiger Geschmeidigkeit auf einander, haben beide den Weg zur höchsten Ekstase gefunden. Sie besitzen beide das Zeug, ihre Orgasmen gleichzeitig und ausgiebig zu erleben. Da sie sich Zeit mit dem Vorspiel lassen, müssen sie keine Angst haben, dass sie bereits erregter als ihr Partner sind. Es bleibt genug Zeit, das gleiche Level zu erreichen.

Um den Sex noch kreativer zu gestalten, was ohnehin nicht nötig sein wird, empfehlen sich Urlaube – auch einmal ohne Kinder. So kann wie früher ausgelebt werden, was Spaß macht und die Seelen rücken noch ein Stück enger zusammen.

Der Jahresrhythmus der Sternzeichen

Wie beim bekannten Biorhythmus gibt es auch in der Liebe zeitweise Höhen und Tiefen. In der Partnerschaft kann es deshalb zu Hochgefühlen und Konflikten kommen, die persönlich schwer beeinflusst werden können. Manchmal denken wir, dass wir schon morgens mit dem falschen Fuß aufgestanden sind, an anderen Tagen fühlen wir uns energiegeladen und uns gelingt alles, was wir uns für diesen Tag vorgenommen haben. Wenn es uns gelingt, die innere Uhr abzulesen, die von unserem Sternzeichen beeinflusst wird, haben wir die Möglichkeit, unser Leben positiv zu beeinflussen. Nicht immer ist es vorteilhaft, sich mit aller Kraft einer inneren Stimmung entgegen zu stemmen. Wenn wir die Ursache jedoch kennen, können wir auch mit unseren Schwächen behutsamer umgehen und sie lieben lernen.

Wir sind eine Einheit aus Geist und Körper. Wenn etwas aus dem Gleichgewicht gerät und eine Seite elementar vernachlässigt wird, hat das oft gesundheitliche Probleme zur Folge. Um dieser Gefahr vorzubeugen, genügt es, seine innere Stimme lesen zu lernen um seine Reserven besser abschätzen zu können.

Die folgenden Diagramme helfen dabei, unbewusste Schwächen und Höhen des Sternzeichens im Jahresverlauf zu erkennen – auch wenn sie zum jeweiligen Zeitpunkt vielleicht nicht offensichtlich sind. Ist eine Kurve im Tal, bedeutet das nicht, dass es zur Zeit unmöglich ist, gewisse Dinge trotzdem in Angriff zu nehmen. Im Gegenteil: Es sollte Motivation geben, die zur Zeit vernachlässigten Bereiche in Eigeninitiative zum Positiven zu wenden.

Die Sterne beeinflussen zwar unser Leben, jedoch können wir eigene Richtungen und Impulse setzen, die auch in scheinbar negativen Konstellationen zu Erfolg und Glück führen können.

Libido

Diese Kurve zeigt unsere unbewusste sexuelle Energie an. Zeiten sexueller Aktivität und Kraft wechseln mit scheinbar lustlosen Momenten. In Zeiten der Hochphasen, spüren wir die sexuelle Anziehungskraft des Partners besonders stark. Wir begehren und wünschen uns begehrt zu werden. Schläft die Libido zeitweise ein, ist es an der Zeit, das Feuer neu zu entfachen.

Körper

Der eigene Körper gerät in dieser schnelllebigen Zeit oft in Vergessenheit. Oft spüren wir ihn erst, wenn er Warnsignale aussendet. Manchmal ist es dann schon zu spät, ihm wieder Erholung zu verschaffen. In Zeiten der Kraftlosigkeit empfiehlt sich Sport, Wellness und die Beschäftigung mit dem eigenen Körper.

Geist

Im Berufsleben beanspruchen wir ihn oft so stark, dass wir zu Hause nur noch unsere Ruhe haben wollen. Stress ist Gift für unsere Seele. Er wirkt sich negativ auf unsere Gesundheit aus. Viele Menschen gönnen sich zu wenig Zeit für sich selbst. Meditation und Entspannungstechniken helfen uns dabei, Krisensituationen zu meistern und wieder Energie zu tanken.

Liebe

Liebe bedeutet hier, dem Partner Aufmerksamkeit zu schenken, und ihm zuzuhören. Niemand steht seinem Partner näher als Sie selbst. Es liegt an Ihnen, Situationen zu wundervollen Momenten zu verwandeln. In diesen vertrauensvollen Phasen spüren sie das innere Band, das sie verbindet.

Fische-Frau

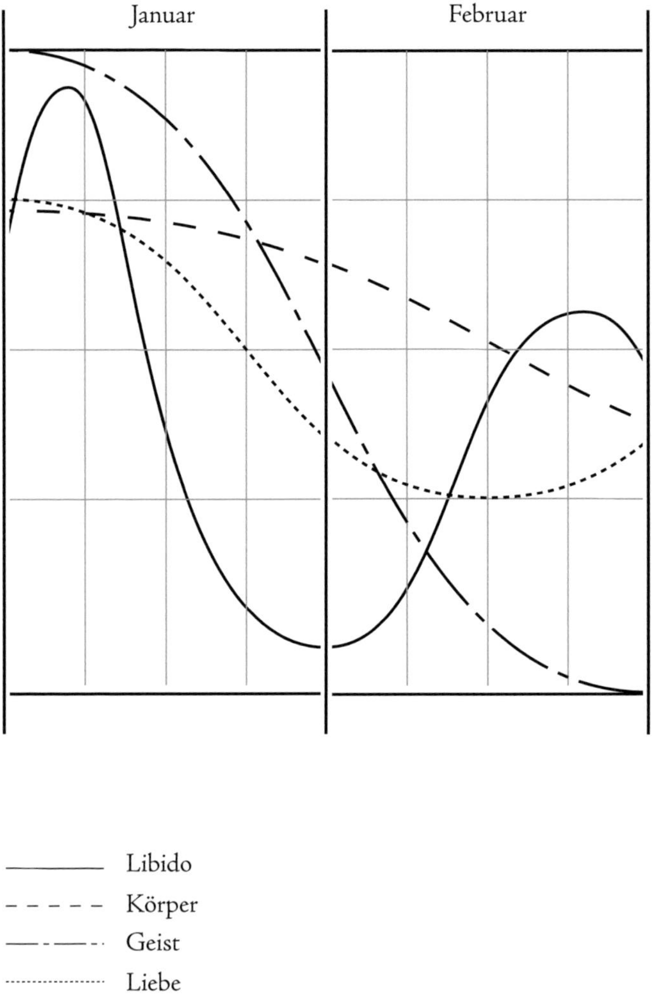

	Januar		Februar	

_____ Libido

– – – – – Körper

— · — · — · Geist

·················· Liebe

Fische-Frau

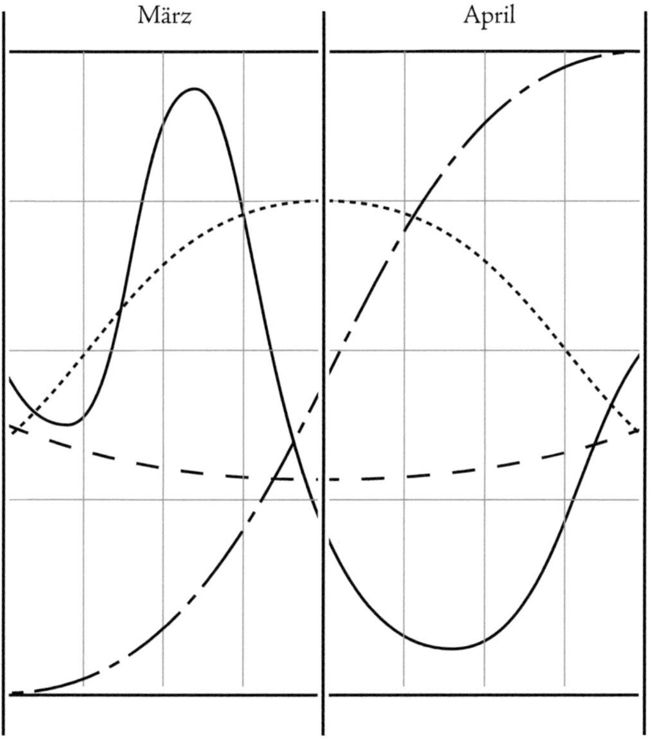

März	April

———— Libido
– – – – Körper
—·—·· Geist
················ Liebe

Fische-Frau

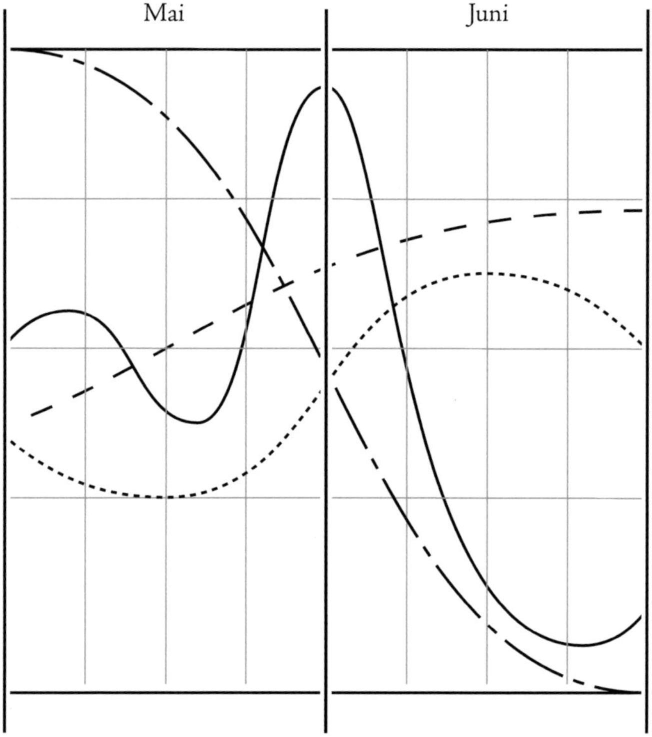

Mai	Juni

———— Libido
– – – – Körper
—·—·— Geist
·············· Liebe

Fische-Frau

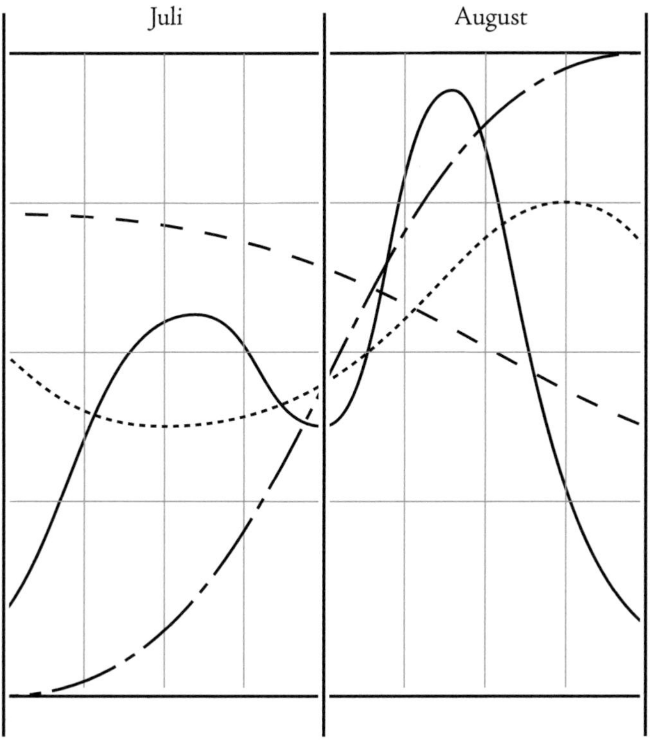

	Juli	August

——— Libido

– – – – Körper

—·—·· Geist

················ Liebe

Fische-Frau

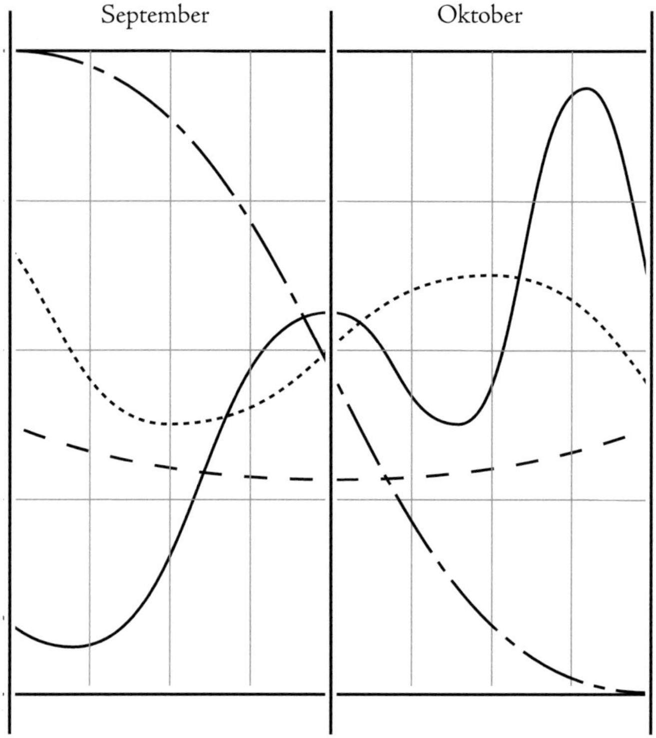

September	Oktober

——— Libido
- - - - Körper
—·—·— Geist
············ Liebe

Fische-Frau

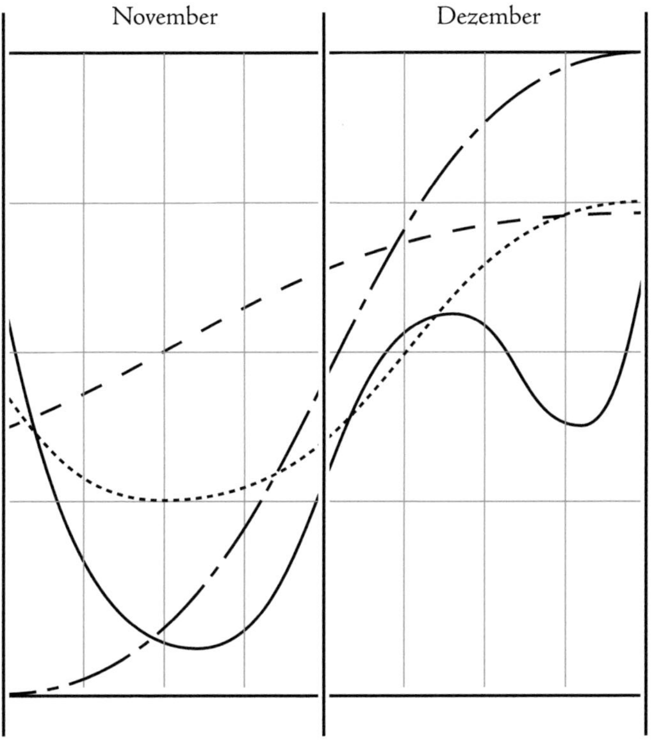

	November	Dezember

———— Libido

– – – – Körper

—·—·· Geist

·············· Liebe

Fische-Mann

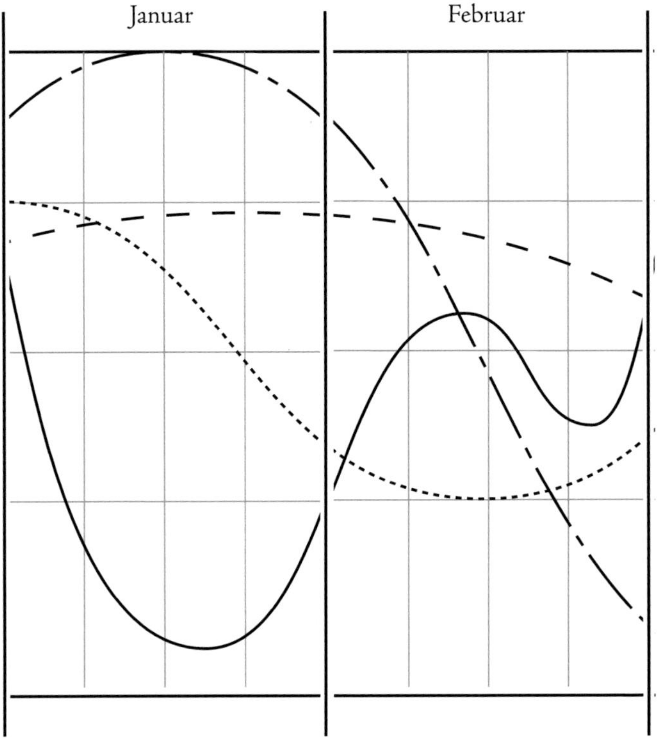

Januar	Februar

———— Libido

– – – – Körper

—·—·— Geist

················ Liebe

Fische-Mann

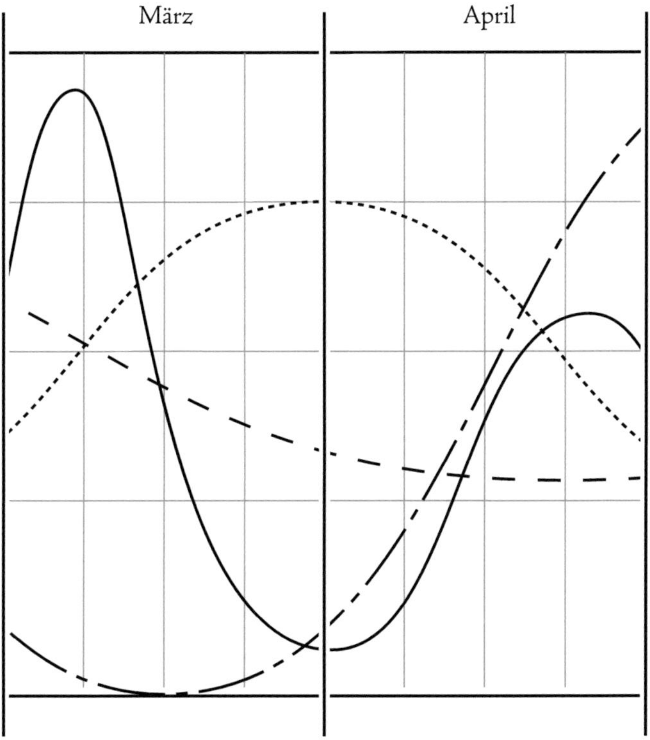

März	April

——————— Libido
− − − − − Körper
—·—·—· Geist
·················· Liebe

Fische-Mann

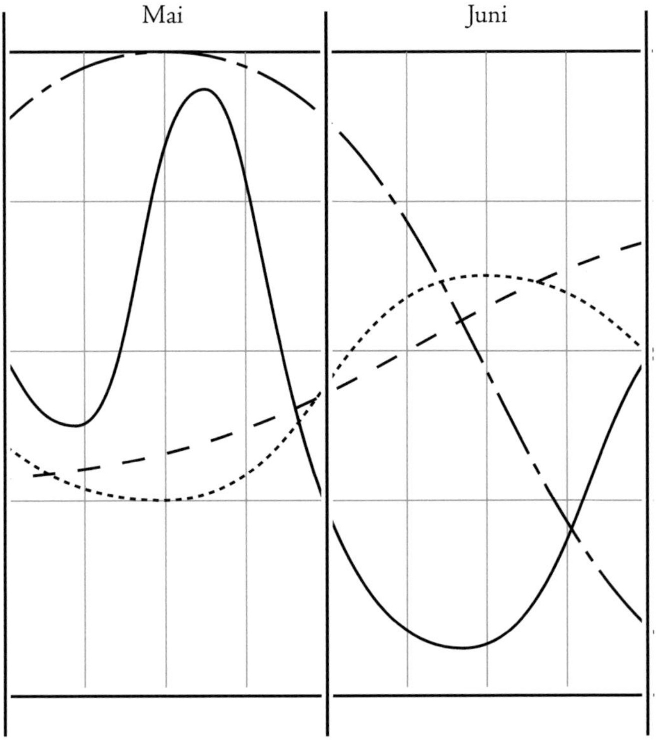

Mai	Juni

——— Libido
– – – – Körper
—·—·· Geist
················ Liebe

Fische-Mann

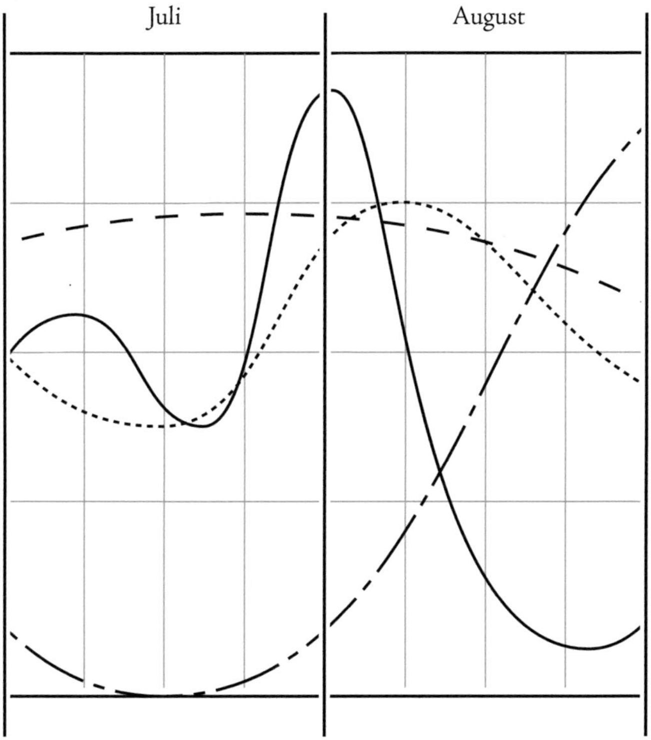

Juli	August

——————— Libido

– – – – – Körper

—·—·—·· Geist

·················· Liebe

Fische-Mann

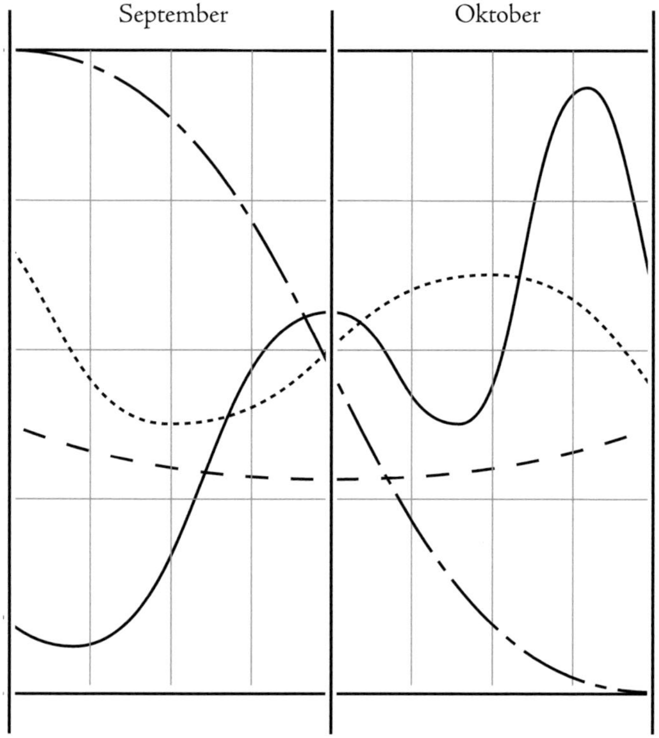

—————— Libido

– – – – – Körper

—·—·—· Geist

···················· Liebe

Fische-Mann

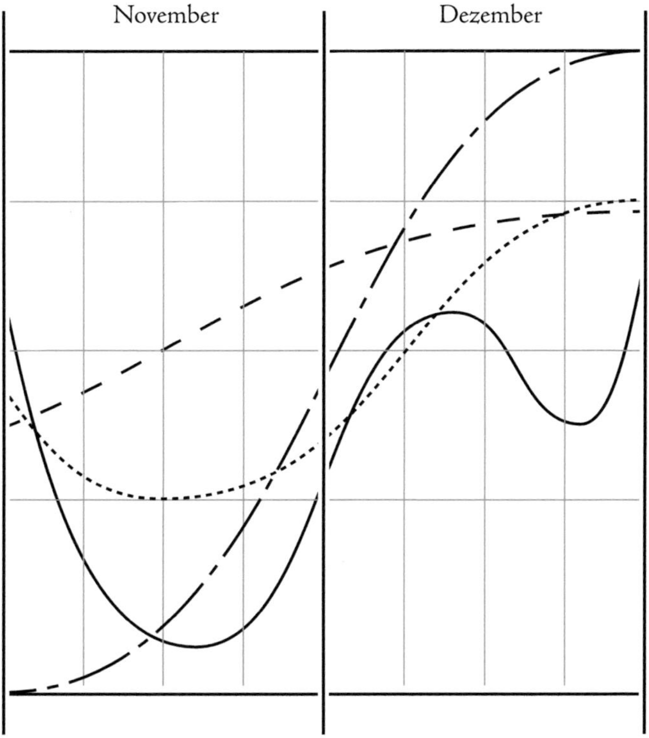

November	Dezember

_____ Libido

- - - - - Körper

—·—·— Geist

················ Liebe

Literatur zu Sternzeichen und Astrologie

Hermann Meyer
Das Grundlagenwerk der psychologischen Astrologie: Erkenne
Deine Licht- und Schattenseiten und die Deiner Mitmenschen

Frances Sakoian, Louis S. Acker
Das grosse Lehrbuch der Astrologie: Wie man Horoskope stellt
und nach neuesten wissenschaftlichen Erkenntnissen Charakter
und Schicksal deutet

Hermann Meyer
Astrologie und Psychologie: Eine neue Synthese

Christopher A. Weidner, Sabine Bends
Intuitive Astrologie: Nutzen Sie Ihr inneres Wissen für tiefe
Einsichten über sich selbst

Frank Felber
Wiederkehrhoroskope: Der Schlüssel zu verborgenen Zyklen

Ingrid Zinnel
Familienkonstellationen im Horoskop: Verstrickungen und
Lösungen aus astrologischer Sicht

Literatur zu Entspannung und Sexualität

Jan Aalstedt
Der multiple Orgasmus des Mannes. So kommen Sie nicht
mehr zu früh und können mehrere Höhepunkte erleben.

Ludwig Reichenbach
Endlich mit Frauen flirten: Wie Sie lernen, Schüchternheit und
Angst vor dem Flirten mit einfachen Übungen erfolgreich selbst
zu überwinden

Ludwig Reichenbach
Endlich mit Männern flirten: Wie Sie lernen, Schüchternheit
und Angst vor dem Flirten mit einfachen Übungen erfolgreich
selbst zu überwinden

Lou Paget
Der perfekte Liebhaber: Sextechniken, die sie verrückt machen

Lou Paget
Die perfekte Liebhaberin: Sextechniken, die sie verrückt machen

Lou Paget
Der Super-Orgasmus: Höhepunkte zum Abheben

Jon Kabat-Zinn
Gesund durch Meditation: Das große Buch der Selbstheilung

David Servan-Schreiber
Die Neue Medizin der Emotionen: Stress, Angst, Depression:
Gesund werden ohne Medikamente